20个必学象形图字 - 5
习字及著色本

20 Must-learn Pictographic Simplified Chinese Workbook

5

Coloring, Handwriting, Pinyin

白雲

20 Must-Learn Pictographic Simplified Chinese Workbook 5
Coloring, Handwriting, Pinyin

Illustrated by Chris Huang
Edited by Iris Chiou
Proof Read by Edith Yuan
Published by Cloud Chinese
All copyrights © by Chuming Huang
Inside 44 pages Black & White
Paperback Color with Matte finished
Printed in US
ISBN 13 : 978-1-954729-96-4
Reference ID: 001
Language: : Chinese
Publication Date: 2021, March 10th

Cloud Chinese, Wilmette, IL 60091
www.mycloudchinese.com
myeasyshows@gmail.com

TABLE OF CONTENTS

LOOK

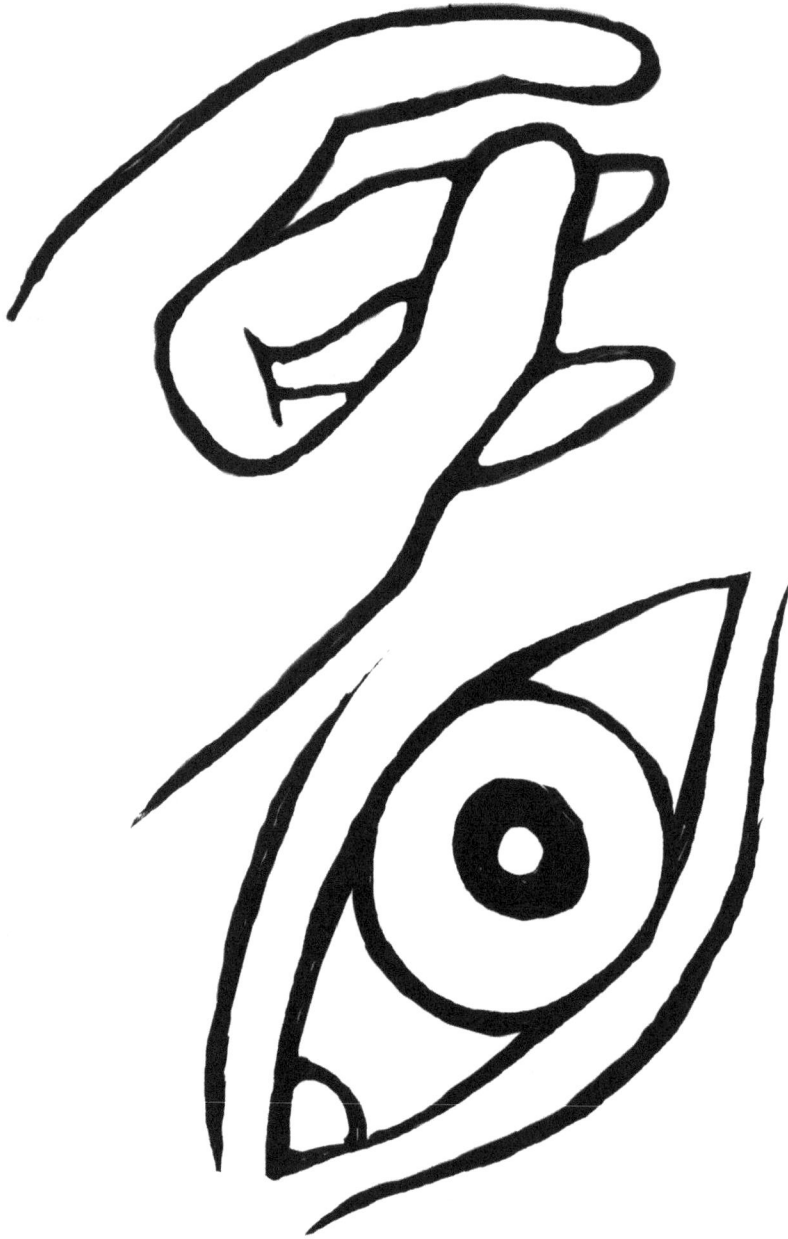

看

kàn

4

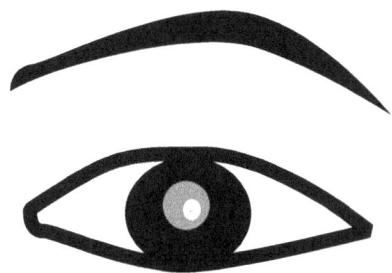

kàn jiàn

看见

kàn

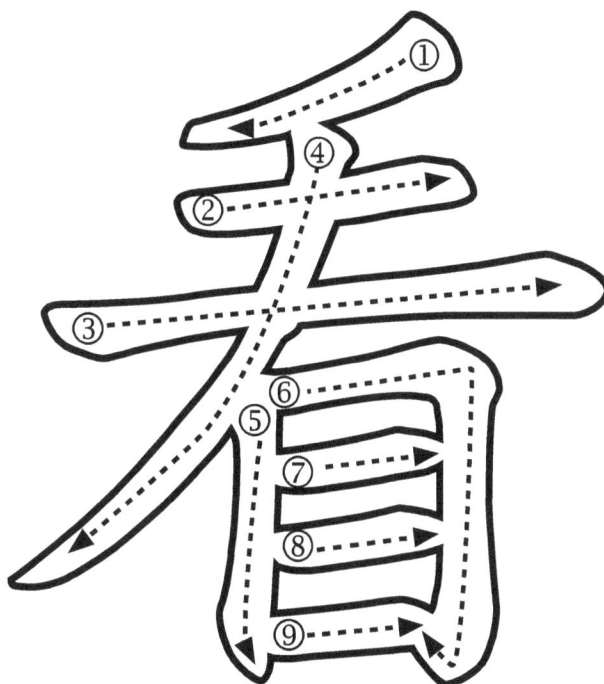

kàn	kàn	kàn	kàn	kàn
一	三	三	矛	矛

kàn	kàn	kàn	kàn	
看	看	看	看	

SEE

见 jiàn

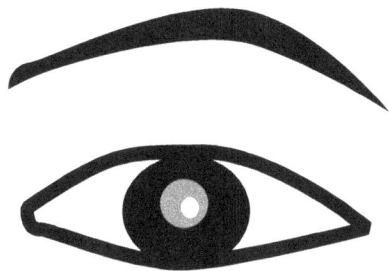

kàn　jiàn

看见

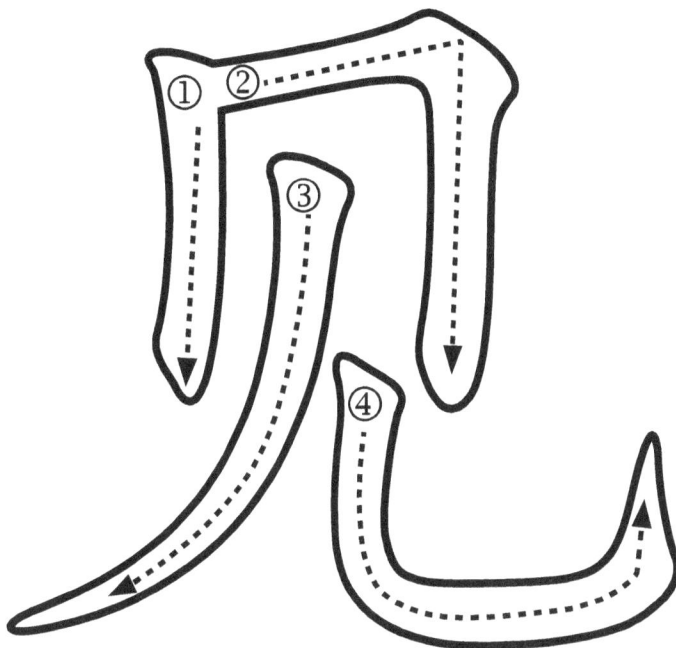

CRY

哭

kū

kū

kū

哭

kū	kū	kū	kū	kū
口	口	口	口	口口
kū	kū	kū	kū	kū
口口	口口	哭	哭	哭

LAUGH

笑 xiào

xiào

xiào

笑

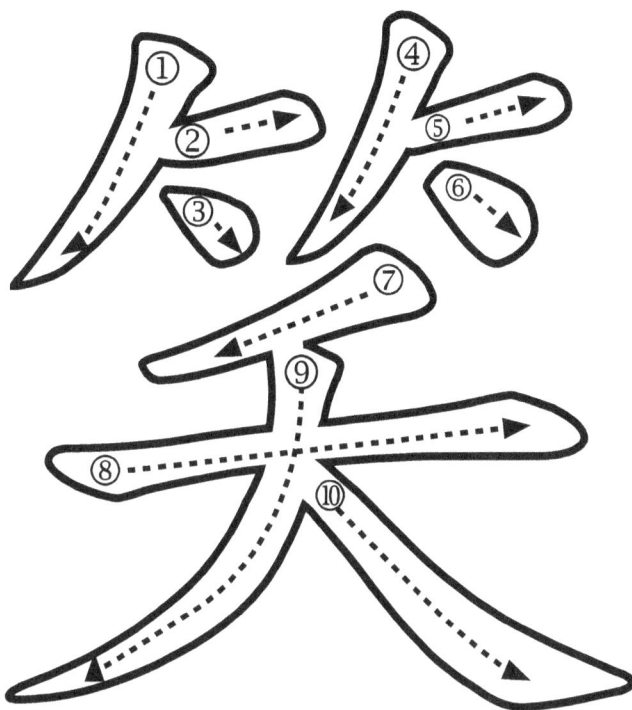

xiào	xiào	xiào	xiào	xiào
xiào	xiào	xiào	xiào	xiào

CALL

叫 jiào

jiào

叫

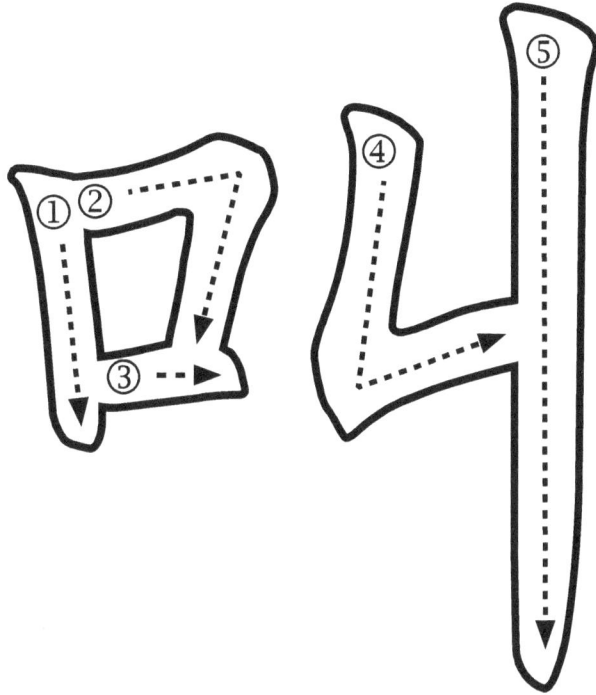

jiào	jiào	jiào	jiào	jiào
丨	冂	口	叫	叫

SING

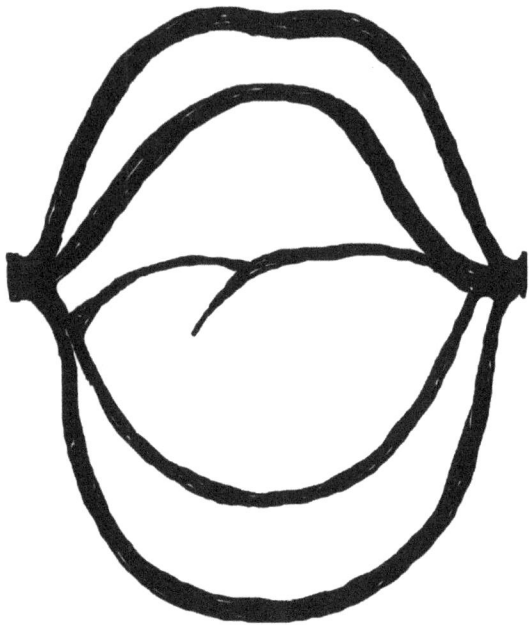 

唱　**chàng**

chàng gē

唱歌

chàng	chàng	chàng	chàng	chàng
丨	口	口	叮	吧
chàng	chàng	chàng	chàng	chàng
吧	咀	唱	唱	唱
chàng				
唱				

GO

走

zǒu

zǒu　lù

走路

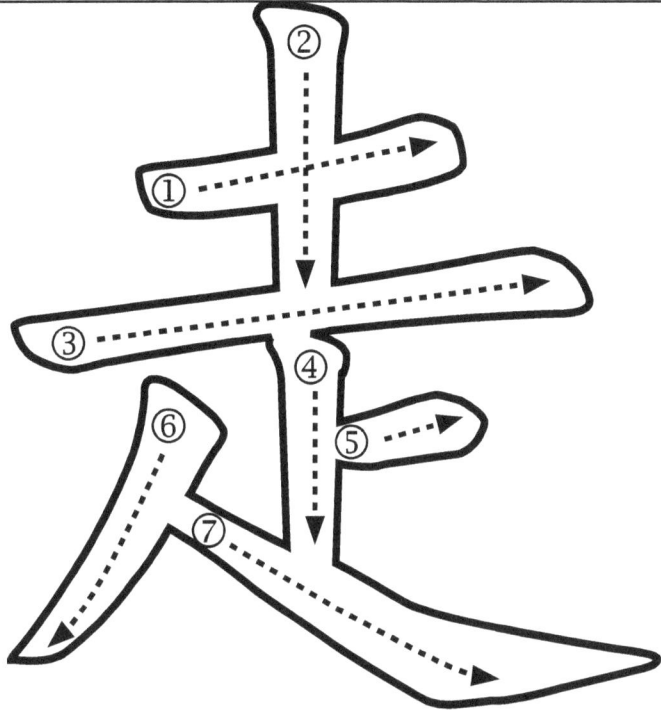

zǒu

巴

bā

xià　ba

下 巴

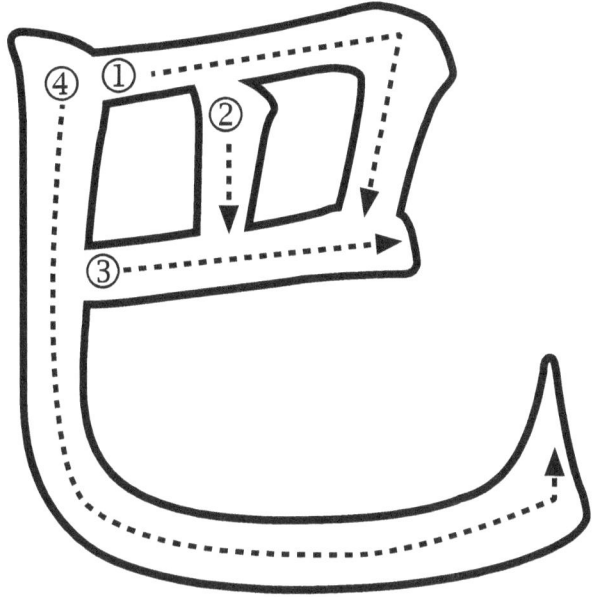

bā	bā	bā	bā	

FINISH

了

le

le

hǎo liǎo
好 了

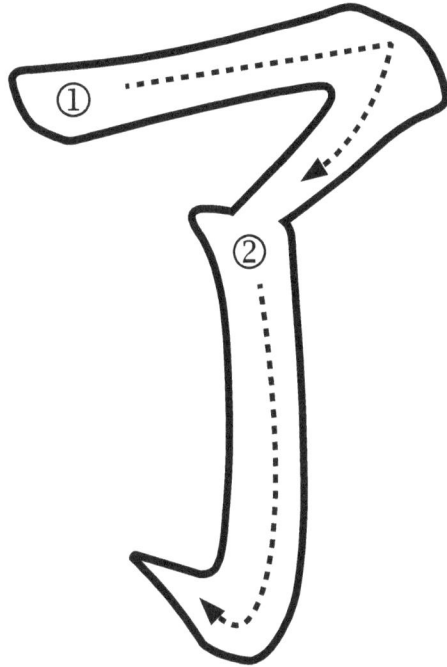

COMPARE

比 bǐ

bǐ jiào
比较

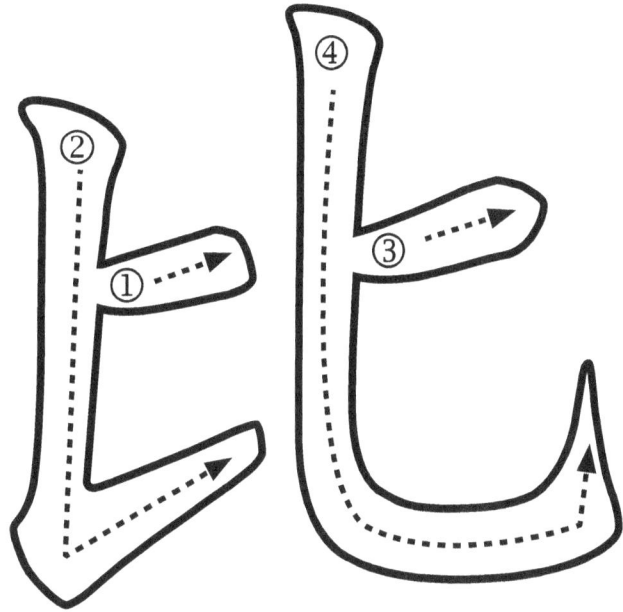

PLUM

李 lǐ

lǐ zǐ
李子

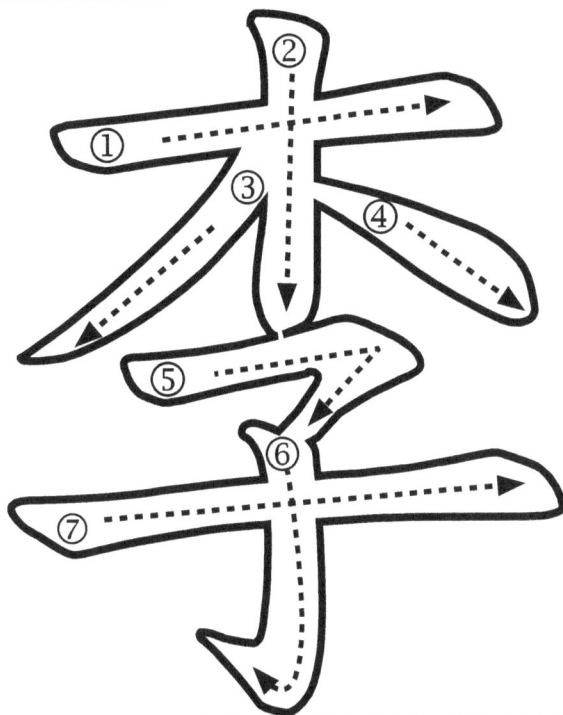

KNIFE

刀

dāo

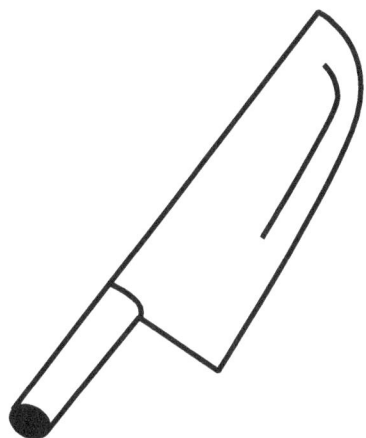

dāo　　zi

刀子

dāo

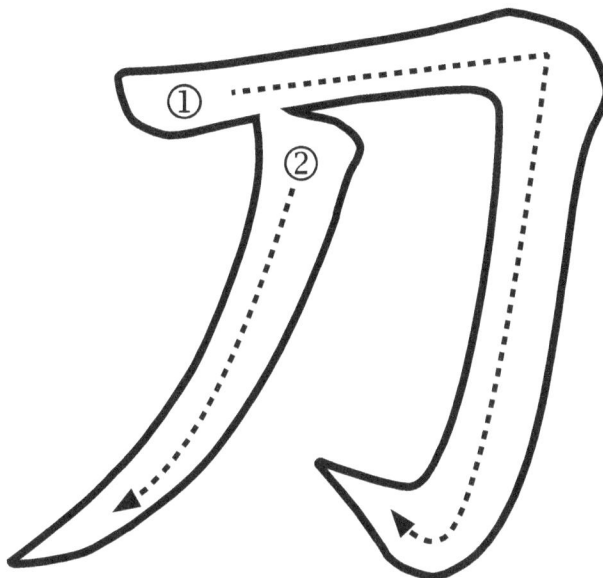

SEAT

位 wèi

zuò   wèi

座位

wèi

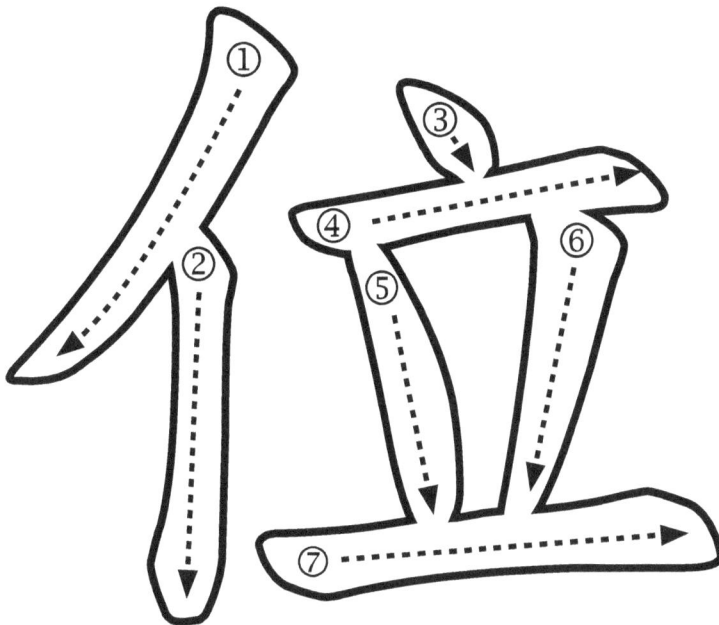

wèi	wèi	wèi	wèi	wèi

wèi	wèi			

YEAH

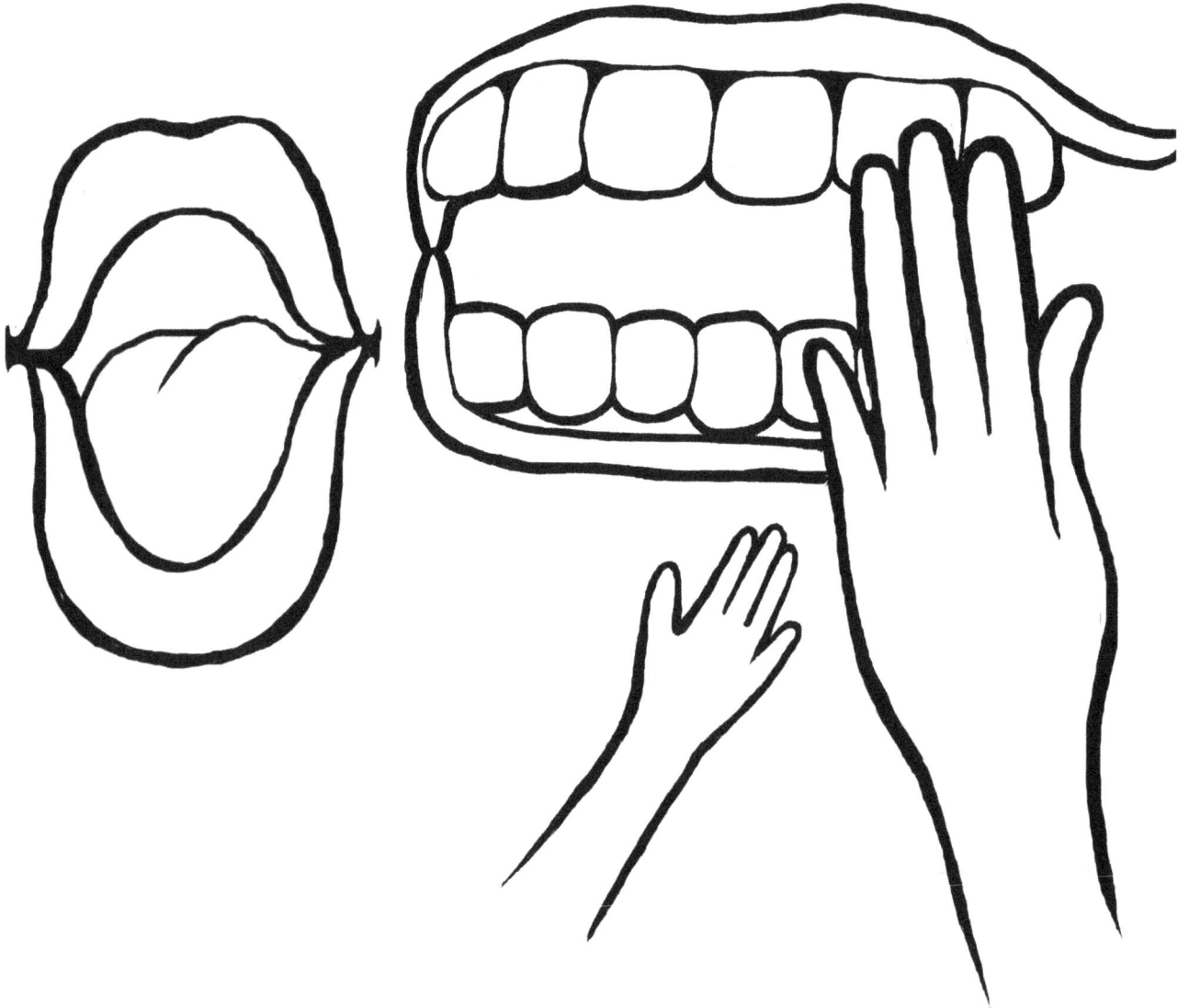

呀
ya

hǎo   yā

好 呀

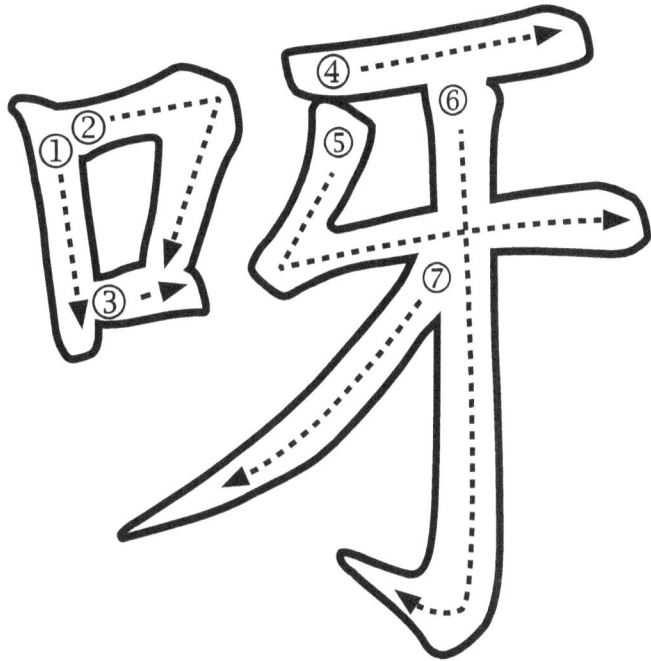

ya	ya	ya	ya	ya
ya	ya			

GRASS

草

cǎo

cǎo

草

cǎo

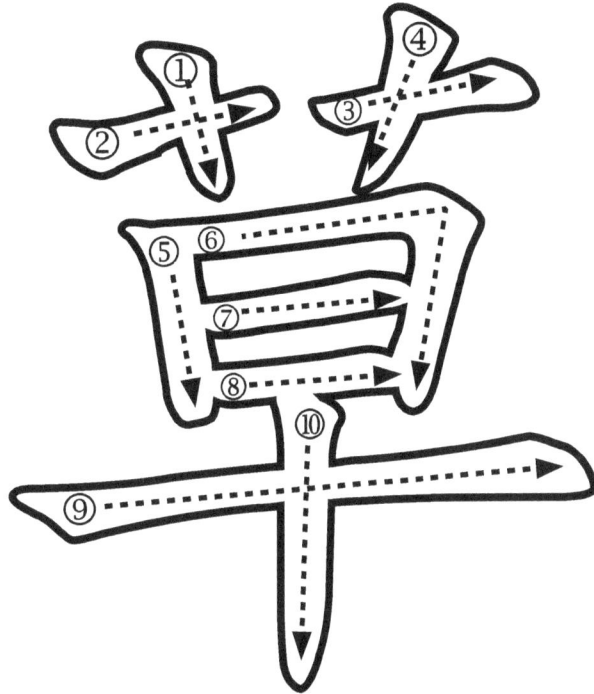

cǎo	cǎo	cǎo	cǎo	cǎo
	艹	艹	艹	艹

cǎo	cǎo	cǎo	cǎo	cǎo
艻	苆	苩	苩	草

ELEPHANT

象

xiàng

dà xiàng

大象

xiàng

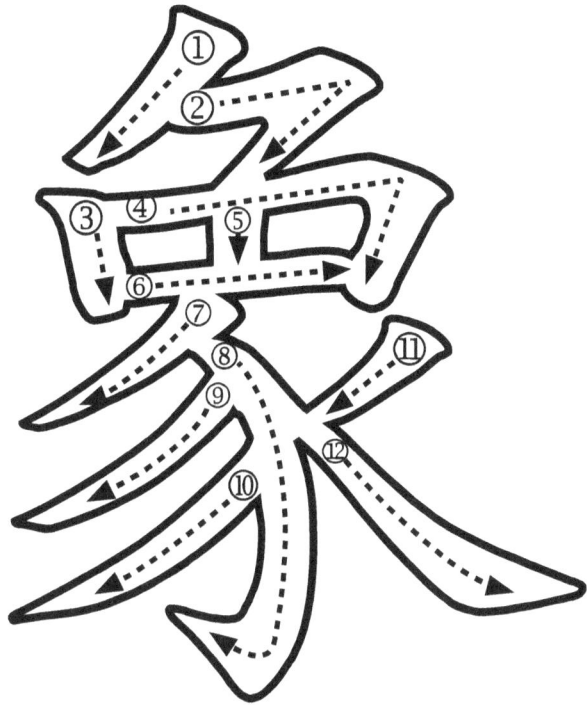

xiàng	xiàng	xiàng	xiàng	xiàng
xiàng	xiàng	xiàng	xiàng	xiàng
xiàng	xiàng			

CROSS

交 jiāo

jiāo　chā

交叉

jiāo

jiāo	jiāo	jiāo	jiāo	jiāo
jiāo				

FRIEND

朋

péng

péng   yǒu
朋 友

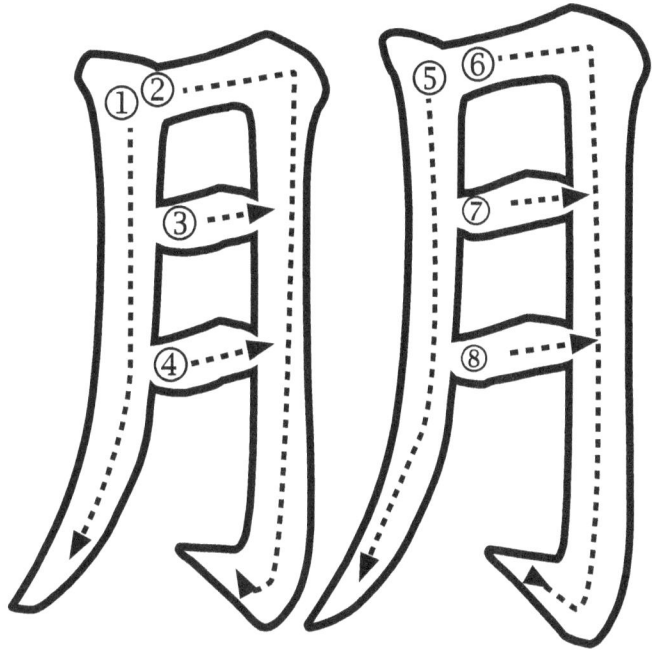

péng	péng	péng	péng	péng
丿	刀	月	月	月
péng	péng	péng		
朋	朋	朋		

FRIEND

友
yǒu

péng　yǒu

朋友

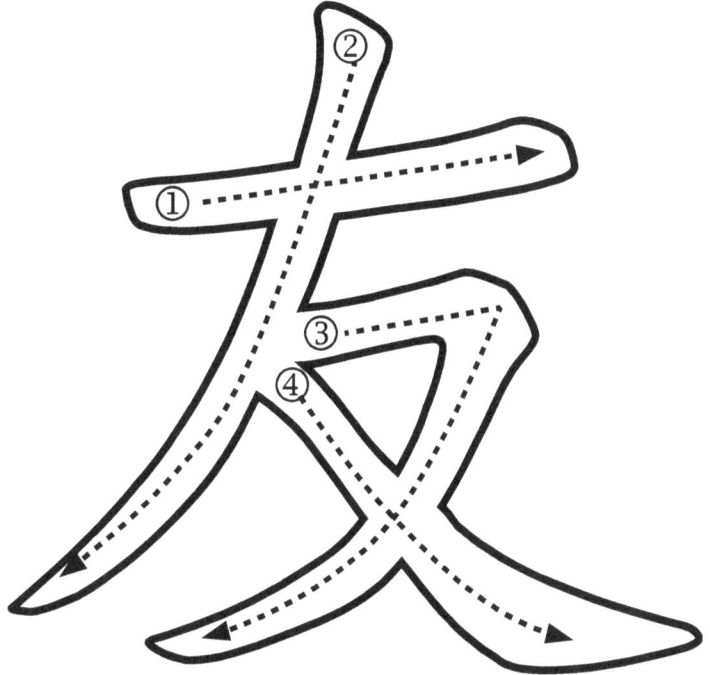

yǒu	yǒu	yǒu	yǒu	
一	ナ	方	友	

ONLY, quantifier of animals

只

zhī

yī zhǐ yā
一只鸭

zhī

zhī	zhī	zhī	zhī	zhī

www.ingramcontent.com/pod-product-compliance
Lightning Source LLC
Chambersburg PA
CBHW081243020426

42331CB00013B/3279